à Monsieur Victor Schœlcher Rue Laffitte
à Paris Villers, par promotion de l'auteur,
Mr. ? R. de Lasserre, qui a combattu pendant
dix ans ?? la restauration pour la liberté française
et qui maintenant lutte à l'Île Bourbon contre
le régime oppressif qui désire cette malheureuse
et libérale colonie.

MÉMOIRE

CETTE QUESTION :

LA LOI DU 9 AVRIL 1790 A-T-ELLE ÉTÉ ABROGÉE A L'ILE BOURBON? --- Y EST-ELLE TOMBÉE EN DÉSUÉTUDE? --- ENFIN SI ELLE A CONSERVÉ SA VIGUEUR LÉGISLATIVE, DOIT-ELLE ÊTRE EXÉCUTÉE? CONVIENT-IL QU'ELLE SOIT EXÉCUTÉE?

PAR *S. R. de Laserve*

~~UN ANCIEN MEMBRE DE L'ASSEMBLÉE COLONIALE.~~

> IL Y A DES LOIS CONTRE LESQUELLES TOUT CE QUI S'EST FAIT EST NUL DE DROIT; IL Y A TOUJOURS A REVENIR CONTRE, ET DANS D'AUTRES CIRCONSTANCES ET DANS D'AUTRES TEMPS.
> Bossuet, politique tirée de l'Écriture Sainte.

Presse clandestine de Bourbon

~~ILE MAURICE~~

MLCCCXXXI.

AVANT-PROPOS.

Je n'adresse point au Public le compliment bannal de tous ceux qui réclament son indulgence.

Je ne suis homme de lettres ni publiciste ; mais ni l'âge qui a blanchi mes cheveux, ni la longue interruption des affaires publiques, n'ont pu m'empêcher de me livrer à des recherches pénibles, pour établir ce que je crois utile de prouver. La main tremblante qui trace ces lignes ne s'est pas remise à l'œuvre pour satisfaire un besoin d'amour-propre, mais pour obéir à l'impulsion d'un patriotisme de vieille date.

Avant d'entrer en matière, j'ai cru devoir présenter quelques considérations sur les effets produits dans la Colonie par la destruction violente et illégale de son gouvernement représentatif, effectuée en 1803 ; et sur les conséquences qui auraient pu naître de la conservation de ce régime.

Ce tableau servira naturellement d'introduction à l'examen de la question qui est l'objet du présent écrit, et sera développé dans la première section. La seconde section est spécialement consacrée à la discussion des différens points indiqués dans le titre du Mémoire.

SECTION PREMIÈRE.

L'ILE Bourbon dépossédée de sa Représentation coloniale depuis 28 ans, et dénuée de toute institution libérale, a, durant cet intervalle, passé successivement sous divers gouvernemens qui l'ont régie SELON LEUR BON PLAISIR. Tel est et sera invariablement le sort de toute société, nation ou colonie, privée d'une juste participation à sa législation et à son administration.

Un pareil état de choses produit toujours de détestables effets : il attaque matériellement et moralement la population qui lui est soumise. Les gens les moins éclairés du tems où nous vivons, à moins d'être tout à fait abrutis par l'ignorance ou de se tromper volontairement, sont eux-mêmes frappés des vices d'un tel régime, en ce qui touche l'administration, l'emploi des deniers publics, en un mot les intérêts matériels du pays. Quant aux inconvéniens moraux, ils en sont moins affectés, parce qu'ils ne les apperçoivent pas ; mais ces inconvéniens n'en existent pas moins et ne doivent point échapper à l'observation de l'homme éclairé ; il en est un que l'auteur de cet écrit va signaler à l'attention du Public, parce qu'il en a la preuve en main et qu'il vient l'offrir.

Une colonie qui est gouvernée et administrée sans qu'il lui soit jamais permis d'intervenir dans ses propres affaires, est condamnée à l'égoïsme, et doit finir forcément par perdre tout esprit public et tout sentiment de patriotisme.

Une telle société n'a ni passé ni avenir : elle est tout entière dans un présent précaire et incertain. Une telle société n'a point d'histoire, point d'annales. QUELQUES TRADITIONS VAGUES ET QUE LE TEMS ÉTEINT SUCCESSIVEMENT COMPOSENT TOUTES SES ARCHIVES HISTORIQUES. Le souvenir des crimes ou des belles actions qui ont pu l'intéresser, des lois sages ou pernicieuses qui l'ont régie à des époques différentes, des bons administrateurs qui ont défendu ses droits, ou des mauvais gouvernans qui les ont méconnus ; rien n'est conservé. Ainsi se perdent les leçons et les avertissemens du passé. La société ne sent point son identité dans les diverses phases de sa durée ; EN UN MOT ELLE VÉGÈTE, MAIS ELLE NE VIT PAS. Dans un tel pays il peut bien y avoir des habitans, cultivateurs, commerçans, industriels ; mais il faut s'étonner d'y trouver encore quelques citoyens.

Là où il n'y a point de vie publique, où les habitans ne sont nullement appelés à influer sur les destinées de leur pays, où il ne leur est même pas permis de manifester publiquement leur opinion sur ses plus chers intérêts, il est évident qu'ils ne s'occuperont pas de ces intérêts; car l'homme a besoin d'un but dans ses actions, et il ne s'épuise pas en vains efforts avec la certitude qu'ils n'aboutiront à rien. Dès lors l'activité humaine, ne pouvant plus avoir pour objet l'utilité publique, se tournera et se concentrera tout entière vers l'intérêt particulier. Les hommes deviendront égoïstes, et le patriotisme ne sera qu'une pure niaiserie, passe-tems frivole de quelques désœuvrés, inutile vertu, sans but, sans récompense et sans considération.

Là où les habitans n'ont aucune espérance d'intervenir dans les affaires de leur pays et d'influer sur son sort, il est encore évident qu'ils ne s'occuperont pas de ces nobles études qui ont pour objet les grands intérêts de la société, c'est-à-dire, la morale, l'histoire, la législation, l'économie politique et les hautes parties du droit.

Là où les talens personnels qui ne servent pas immédiatement à gagner de l'argent, ne donnent aucune considération, parce qu'en effet ils ne servent à rien dans un tel pays, il est évident qu'on ne se donnera pas beaucoup de peine pour les acquérir.

Enfin là où le patriotisme et les lumières sont comptés pour rien, les autres vertus pour peu de choses, et où la fortune seule obtient la grande considération, il est évident que l'amour de l'argent doit devenir la passion dominante, que l'émulation des sentimens généreux doit s'éteindre, et qu'on doit perdre jusqu'au goût de ces plaisirs délicats qui tiennent à la culture de l'esprit.

Un pareil état de choses serait capable à la longue d'abrutir le peuple le plus naturellement spirituel.

Que l'administrateur qui est arrivé hier dans la Colonie et qui doit partir demain, voie avec indifférence un état social si vicieux, cela se conçoit. On peut être un fort honnête homme, sans avoir l'âme et le génie d'un Labourdonnais ou d'un Poivre.

Que l'administrateur qui tient avant tout à sa place, qui ne cherche que les moyens de la conserver et qui sacrifierait tout à cette conservation, s'occupe fort peu des intérêts moraux de la Colonie, chose qui ne peut affecter sa responsabilité, cela se conçoit encore; enfin que l'européen, oiseau de passage, ou le créole déserteur, ne prenne guère de soucis de notre civilisation et de nos destinées, cela est également concevable : il doit peu s'intéresser à une plage qu'il s'empressera de quitter aussitôt qu'il le pourra.

[3]

Mais quant au créole et à l'européen fixés à perpétuelle de-
meure sur le sol colonial et qui doivent y laisser leurs enfans,
il faudrait qu'ils fussent absolument stupides pour contempler ces
hautes questions avec la même insouciance. La différence des
positions est trop grande pour ne pas en amener dans les vues.

Les premiers doivent désirer que rien ne trouble leurs petits
arrangemens et leurs petites affaires, et qu'ils puissent tranquille-
ment faire leurs paquets, quand il leur conviendra ou leur plaira
de s'en aller. Les derniers ont à substituer un nouvel état social
à l'état si défectueux dans lequel ils languissent. Ils ont besoin,
sous ce rapport, d'assurer un avenir tant à eux qu'à leurs enfans;
et dût la conquête de cet avenir produire quelques inconvéniens
passagers dans le présent, ils sont intéressés à risquer un peu de
ce présent pour obtenir beaucoup de cet avenir. Les premiers au
contraire se moquent de l'avenir de Bourbon, parce qu'ils n'en
ont pas besoin et qu'ils seront loin de nous quand l'avenir se
réalisera.

Sous beaucoup d'autres rapports, qu'il serait trop long d'énu-
mérer ici, cette différence de position et d'intérêts entre LES GENS
DE PASSAGE et LES GENS ATTACHÉS A LA GLÈBE, doit produire des
divergences sur les questions qui occupent aujourd'hui tous les
esprits.

Nous avons cru devoir dire en passant quelques mots sur la
cause de ces divergences; mais revenons.

Lorsque l'Assemblée coloniale fut établie dans notre Ile, en
1790, la France était en pleine révolution; les deux colonies de
Maurice et de Bourbon ne tardèrent pas à se trouver en face d'une
métropole livrée à la plus sanglante anarchie, dans une guerre
à outrance avec l'Angleterre; et obligées tout à la fois de se défendre avec leurs seules ressources contre les décrêts incendiaires
de cette métropole et contre les croisières et les entreprises des
anglais. Outre ces terribles circonstances, les colonies avaient à
faire l'apprentissage du système représentatif, absolument nouveau
pour elles; pour comble de malheur, ce système était établi sur
une base démocratique et avec le rouage des assemblées primaires,
source de troubles et capable à lui seul de désorganiser la meil-
leure constitution.

Il était impossible que d'une situation aussi orageuse et pleine
d'élémens discords, il ne sortit pas des secousses et de fâcheuses
dissidences.

Toutefois, c'est un point incontestablement reconnu, qu'au

milieu des malheurs de cette époque, les Assemblées coloniales sauvèrent les deux Colonies, et que jamais ces dernières ne furent plus économiquement administrées que sous ce régime.

Nier le bien que firent les Assemblées coloniales, et ne rappeler que les inconvéniens qu'elles occasionnèrent, sans distinguer si ces inconvéniens n'étaient pas plutôt attachés aux circonstances malheureuses de l'époque : ne parler toujours que des troubles du tems de l'Assemblée coloniale, sans vouloir reconnaître que ces troubles étaient engendrés plutôt par les assemblées primaires que par l'Assemblée coloniale : ne pas sentir ou du moins ne pas avouer la différence énorme qui doit exister entre une Représentation coloniale, fondée sur l'électorat de la classe moyenne, et des assemblées nées d'une base démocratique ; enfin ne vouloir tenir compte ni de la différence des tems et des circonstances, ni ni de celle des institutions : telle est la logique de quelques-uns de nos adversaires. Ceux-ci commettent une erreur si grave, qu'en vérité ils ne peuvent guère échapper à l'accusation de mauvaise foi, que pour tomber sous celle d'ignorance et de sottise. Cela est tellement évident que nous ne nous arrêterons pas d'avantage à le démontrer.

Quoiqu'il en soit, après avoir franchi la violente période de la Convention et du Directoire, la marche des Assemblées coloniales était devenue plus régulière et plus paisible dans nos îles de France et de Bourbon. Il suffisait de réformer et de corriger les défauts que l'expérience avait révélés dans notre système représentatif colonial, pour assurer à ces Iles une sage et libérale administration, gage d'un heureux avenir, lorsqu'en 1803 le général Decaen vint prendre le commandement des deux Colonies.

Le premier acte du Capitaine-Général fut la dissolution des Assemblées coloniales, et l'établissement d'un gouvernement purement militaire, c'est-à-dire, despotique. A partir de ce jour, la pauvre île Bourbon est restée sous L'ADMINISTRATION DU BON PLAISIR de tous ceux qui sont venus successivement la régenter.

Il serait curieux de rechercher par des inductions et par un calcul raisonnable de probabilités, où nous en serions aujourd'hui dans notre petite Ile, si nous avions pu conserver une honnête liberté, garantie par une bonne Représentation coloniale !

Sans entrer dans le détail de cet examen, nous nous bornerons à dire ce qui est incontestable aux yeux de tout homme qui a observé les effets du gouvernement représentatif.

Éclairés par l'habitude des affaires publiques, et par toutes les connaissances statistiques et administratives que cette pratique entraîne nécessairement avec elle, nous aurions été prémunis contre les erreurs et les folies dans lesquelles notre ignorance s'est laissée égarer, et que nous expions maintenant si cruellement, sans savoir encore comment nous en sortirons. Enfin si nous avions pu conserver et améliorer ces salutaires institutions, il y aurait aujourd'hui parmi nous plus de patriotisme et de moralité dans les cœurs, plus de lumières dans les esprits, et plus d'argent dans la bourse des habitans et dans le coffre de la Colonie.

Les peuples qui jouissent depuis longtems d'institutions sagement libérales, c'est-à-dire, qui ont eu le tems d'en éprouver les effets et l'heureuse influence, et de modifier en conséquence leur esprit et leurs mœurs, sont non-seulement des peuples éclairés, mais des peuples POSITIFS ET ÉCONOMES. Généralement ils entendent aussi bien les affaires particulières que les affaires publiques. Jamais un tel peuple à Bourbon n'aurait cru que l'industrie agricole pouvait y payer 18 pour cent, sans se ruiner et ruiner avec elle toutes les autres industries. Il ne l'eût pas cru, par ce seul motif qu'il eût été trop éclairé pour le croire sans examen et sans preuve.

Un tel peuple ne serait point tombé dans toutes les exagérations du système de la canne à sucre ; et cela par l'habitude de compter avec lui-même, et parce que des enquêtes ordonnées par l'Assemblée coloniale et dirigées par elle, aurait réduit les questions à leur juste valeur.

Un tel peuple aurait repoussé comme une peste le système déplorable des marchés par anticipation, parce que les connaissances d'économie politique et de finance que développe toujours le gouvernement représentatif, lui auraient appris que les marchés de cette nature sont une cause certaine de ruine.

Un tel peuple n'aurait pas permis l'établissement d'une caisse d'escompte sur des bases ruineuses pour le pays, et tout à l'avantage des intérêts particuliers, groupés dans cette caisse.

A l'abri de ce gouvernement protecteur, la Colonie n'aurait jamais éprouvé le scandale, l'humiliation et le préjudice de voir substituer une magistrature amovible à la magistrature inamovible qu'elle possédait, le tout pour soumettre à des influences particulières ce corps respectable et dont l'indépendance est une garantie du premier ordre.

A l'abri de ce palladium, on n'aurait jamais attenté à l'indépendance du barreau, complément nécessaire de celle de la magistrature.

Nous n'en finirions pas si nous voulions indiquer tous les abus et toutes les fautes qu'une longue pratique du gouvernement représentatif nous aurait fait éviter, de même que les avantages moraux et matériels dont nous avons été privés, par suite de la suspension de ce gouvernement depuis 28 ans.

L'espèce d'engourdissement et d'apathie produite par l'absence de ces institutions a été telle à Bourbon, que nous avions perdu jusqu'au sentiment de nos droits politiques, et jusqu'au souvenir des lois qui nous avaient appelés jadis à exercer ces droits. Pour nous arracher à cette léthargie, il n'a rien moins fallu que la violente commotion produite par la Révolution française de juillet 1830.

Non-seulement les générations nouvelles de notre Colonie ignorent l'histoire de leur pays, ou n'en ont qu'une idée très-obscure et très-incomplète, mais ce qu'il y a de plus étonnant c'est que les contemporains eux-mêmes de ces évènemens si saillans (de 1790 à 1803), ne se les rappellent, à peu d'exceptions près, que d'une manière imparfaite et confuse.

La loi du 9 avril 1790, cette loi si importante, cette grande Charte des colonies, cette déclaration de leurs droits, qui aurait dû vivre dans le souvenir de toute la population, a été retrouvée dernièrement par un pur hasard et avec le même étonnement que si elle avait été perdue depuis des siècles.

Et moi tout le premier, qui ai vu promulguer cette loi dans la Colonie et qui ai participé à son exécution, je n'en avais conservé qu'une faible et incertaine réminiscence ! je l'ai relue avec joie et presque comme une nouveauté !........ Il y aurait à rougir d'un tel oubli, s'il n'était la conséquence naturelle et inévitable du despotisme qui a pesé sur nous.

L'homme ne s'occupe que de ce qu'il croit pouvoir être profitable. Qu'importe un trésor dont il n'est plus permis de faire usage ? Ainsi s'éteint graduellement le souvenir des faits et des idées dont on n'espère plus aucune application utile.

Il y a cependant une chose encore plus étonnante que l'oubli de la loi du 9 avril 1790 : c'est qu'après avoir retrouvé cette loi protectrice et bienfaisante, dont la découverte devait exciter les plus vifs transports parmi la population coloniale, des hommes qui se prétendent AMIS DU PAYS, la repoussent sous le pretexte qu'elle a été abrogée ou qu'elle est tombée en désuétude.

Ces prétendus amis du pays ne sont au fond que des gens qui, par tous les moyens, veulent retarder le plus longtems qu'ils

pourront le moment où la Colonie, librement et véritablement
représentée, reprendra l'ascendant et la surveillance qu'elle aurait
dû toujours garder sur la conduite de ses affaires ; et où, par
suite, ces gens perdront l'importance usurpée qu'ils exercent encore. Regardez bien, et vous verrez que les opposans qui ne
sont pas dans cette première catégorie ont toutefois quelqu'intérêt particulier qui leur fait craindre la présence d'une Assemblée coloniale, et auquel ces bons citoyens immolent sans façon
l'intérêt public, tout en soutenant qu'ils en sont les plus zélés
défenseurs ; que dis-je, tout en soutenant qu'ils sont libéraux
de cœur et d'esprit !

Les mauvaises raisons dont ils étayent leur opinion ne se-
raient d'aucun poids devant un peuple éclairé, mais malheu-
reusement elles obtiennent encore quelque créance sur des esprits
incertains auxquels ces matières sont peu familières, et qui, tout
en désirant le bien, hésitent encore sur la seule voie qui peut
y conduire.

Ces derniers trouveront ici dequoi les convaincre qu'on les
trompe, et qu'on veut priver la Colonie d'un droit acquis, en
se refusant à exécuter la loi du 9 avril 1790. Cette loi n'a
jamais été abrogée ; elle n'est pas tombée en désuétude ; elle
vit encore ; elle a conservé toute sa vigueur législative ; je vais
le démontrer.

✹

SECTION 2.

§. PREMIER.

LA LOI DU 9 AVRIL 1790 A-T-ELLE ÉTÉ ABROGÉE A BOURBON ?

L'Assemblée nationale constituante rendit deux décrêts en date
des 8 et 28 mars 1790, qui furent proclamés par le Roi Louis
XVI, le 9 avril suivant. Ces deux décrêts, dont le second n'est
que le développement et l'exécution du premier, forment la loi
du 9 avril 1790.

Cette loi établit les bases du droit public des colonies, de
leur législation politique et administrative et enfin de leurs rapports avec la métropole.

LE PREMIER DÉCRÊT EST AINSI CONÇU :

» L'Assemblée nationale déclare que, considérant les colonies
» comme une partie de l'Empire français, et désirant les faire
» jouir des fruits de l'heureuse régénération qui s'y est opérée,
» elle n'a cependant jamais entendu les comprendre dans la cons-
» titution qu'elle a décrêtée pour le Royaume, et LES ASSUJETTIR
» A DES LOIS QUI POURRAIENT ÊTRE INCOMPATIBLES AVEC LEURS CONVE-
» NANCES LOCALES ET PARTICULIÈRES. »
» En conséquence elle a décrêté et décrête ce qui suit : »

ARTICLE PREMIER.

» Chaque colonie est autorisée à faire connaître son vœu sur
» la constitution, la législation et l'administration qui convien-
» nent à sa prospérité et au bonheur de ses habitans, à la char-
» ge de se conformer aux principes généraux qui lient les colonies
» à la métropole, et qui assurent la conservation de leurs intérêts
» respectifs. »

Art. 2. » Dans les colonies où il existe des Assemblées col-
» niales, librement élues par les citoyens, ces Assemblées seront
» admises à exprimer le vœu de la colonie ; dans celles où il
» n'existe pas d'Assemblées semblables, il en sera formé inces-
» samment pour remplir les mêmes fonctions. »

Art. 3. » Le Roi sera supplié de faire parvenir dans chaque
» colonie une instruction de l'Assemblée nationale, renfermant
» 1° les moyens de parvenir à la formation des Assemblées colo-
» niales dans les colonies où il n'en existe pas ; 2° les bases gé-
» nérales auxquelles les Assemblées coloniales devront se conformer
» dans les plans de constitution qu'elles présenteront. »

Art. 4. » Les plans préparés par lesdites Assemblées coloniales
» seront soumis à l'Assemblée nationale, pour être examinés, dé-
» crêtés par elle, et présentés à l'acceptation et à la sanction
» du Roi. »

Art. 5. » Les décrêts de l'Assemblée nationale sur l'organisa-
» tion des municipalités et des assemblées administratives seront
» envoyés auxdites Assemblées coloniales, avec pouvoir de mettre
» à exécution LA PARTIE DESDITS DÉCRÊTS QUI PEUVENT S'ADAPTER
» AUX CONVENANCES LOCALES, sauf la décision définitive de l'As-
» semblée nationale sur les modifications qui auront pu y être
» apportées, et la sanction provisoire du Gouvernement pour

[9]

» l'exécution des arrêtés qui seront pris par lesdites Assemblées
» administratives. »

Art. 6. » Les mêmes Assemblées énonceront leur vœu sur les
» modifications qui pourraient être apportées au régime prohi-
» bitif du commerce, entre les colonies et la métropole, pour
» être, sur leurs pétitions et après avoir entendu les représen-
» tations du commerce français, statué par l'Assemblée natio-
» nale, ainsi qu'il appartiendra.

» Au surplus, l'Assemblée nationale déclare qu'elle n'a entendu
» rien innover dans aucune des branches du commerce, soit
» directe, soit indirecte, de la France avec ses colonies, MET
» LES COLONS AINSI QUE LEURS PROPRIÉTÉS SOUS LA SAUVE-GARDE
» SPÉCIALE DE LA NATION ; DÉCLARE CRIMINEL ENVERS LA NATION
» QUICONQUE TRAVAILLERAIT A EXCITER DES SOULÈVEMENS CONTR'EUX.
» Jugeant favorablement les motifs qui ont animé les citoyens
» desdites colonies, l'Assemblée nationale déclare qu'il n'y a
» lieu contr'eux à aucune inculpation ; elle attend de leur pa-
» triotisme le maintien de la tranquillité, et une fidélité invio-
» lable à la Nation, à la Loi et au Roi. »

LA DÉCLARATION DE NON-INCULPATION qui termine le Décret
ci-dessus, est relative à la conduite de quelques-unes de nos
colonies, dont la population, sans attendre la permission de
la métropole, avaient formé spontanément des Assemblées re-
présentatives, contre la volonté de leurs Gouverneurs.

Veut-on juger de la faveur avec laquelle le Décret dont il
s'agit fut accueilli par l'Assemblée nationale ? écoutons le jour-
nal des débats du 8 mars 1790 :

» Aussitôt que le projet de Décret a été lu, l'Assemblé frap-
» pée de la sagesse qui a réglé les différentes dispositions de ce
» Décret, a manifesté un vœu presqu'unanime de le mettre sur
» le champ aux voix. Quelques membres, en très-petit nombre,
» ont voulu prendre la parole ; leur voix a été étouffée par
» l'empressement le plus soutenu et le plus clairement prononcé
» de la presque totalité de l'Assemblée, d'adopter le Décret tel
» qu'il était proposé par le Comité ; cet empressement a été si
» constamment, si unanimement témoigné, que M. le Président
» a mis aux voix le projet de décret ; et il a passé à peu-près
» unanimement au milieu des applaudissemens qui retentissaient
» dans toutes les parties de la salle. »

Le second Décret qui contient l'instruction qui doit servir de
base au travail des Assemblées coloniales sur la constitution des

colonies, et qui prescrit des règles pour la formation des premières, ne se fit pas long-tems attendre : il fut présenté et adopté
le 28 mars, avec la même faveur que le décret du 8. Je regrette
que sa longue étendue ne me permette pas de le transcrire ici.
c'est un chef-d'œuvre où, sous les formes de la plus haute élo-
quence, respirent le patriotisme le plus pur, les maximes d'une
justice éternelle, et l'on peut dire sans exagération, la tendre
sollicitude de la mère-patrie pour ses colonies.

La loi du 9 avril 1790 existe en original dans nos archives,
à St.-Denis. Cet original est signé du bon Roi Louis XVI, et
contresigné par le ministre de la marine LA LUZERNE. Elle fut
promulguée et exécutée à Bourbon en 1790.

Le Régime des Assemblées coloniales, créé par cette loi dans
notre Colonie, a duré de 1790 à 1803.

L'Assemblée contituante a établi les vrais principes de législation coloniale. Elle déclare que les colonies font partie de l'Empire
français, mais qu'elles ne sont point comprises dans la Constitution
décrétée pour le Royaume ; parce qu'il ne serait pas juste de les
assujettir à des lois qui pourraient être incompatibles avec leurs
convenances locales. Mais en même tems elle veut qu'elles aient
LEUR LIBERTÉ PARTICULIÈRE ET PERSONNELLE ; enfin elle leur laisse
la plus grande latitude dans leur législation et leur administration
intérieure.

Cette pensée se retrouve dans tous les travaux de cette illustre
Assemblée, relatifs aux colonies ; après l'avoir déposée dans la
loi du 9 avril 1790, elle la consacre de nouveau par la loi du
15 juin 1791, par la Constitution française terminée la même
année (Voyez article unique à la fin) ; enfin elle spécifie et
confirme de nouveau les bases de la liberté intérieure des colonies, de l'initiative qu'elle réserve à leurs Assemblées coloniales,
et de leurs justes rapports avec la métropole, par la loi du 24
septembre 1791.

La Constitution directoriale de l'an V. (1795) s'écarta du
principe fondamental posé par l'Assemblée contituante.

Le titre 1er art. 6 de cette constitution porte :

» Les colonies françaises sont parties intégrantes de la Répu-
» blique, et sont soumises à la même loi constitutionnelle. »

C'était une grande erreur, mais cette Constitution éphémère
fut abrogée avant d'avoir été ni promulguée ni exécutée dans
notre Ile. Il faut en dire autant de la loi du 12 nivose an VI,
faite sous l'empire de la Constitution directoriale de l'an V.

Cette loi réglait l'organisation politique, judiciaire et administrative des colonies. Mais il est bon de remarquer qu'elles conser-
vait d'ailleurs nos Assemblées coloniales, et qu'ainsi, quoique
cette loi n'ait été ni promulguée ni exécutée à Bourbon, on ne
pourrait arguer de son existence, ne fut-elle ni apocryphe ni
douteuse, pour contester la légalité des Assemblées coloniales.

Quoiqu'il en soit, l'île Bourbon, pendant la période du Directoire, continua à rester sous le régime des lois de la Constituante,
jusqu'en 1799, où la Constitution directoriale fut changée et rem-
placée en France par la Constitution consulaire de l'an VIII.

Cette dernière revint au principe fondamental de la Constituante. Elle porte, titre 7 art. 91 :

» Le régime des colonies françaises est déterminé par des lois
» spéciales. »

C'était déclarer en d'autres termes que les colonies n'étaient
pas comprises dans la présente constitution, et qu'il appartenait
au Corps législatif de France de statuer sur leur sort.

Lorsque cette Constitution de l'an VIII fut promulguée, les lois
de 1790 et de 1791 existaient encore à Bourbon, ainsi que
nous l'avons vu. Elles y étaient non-seulement en vigueur, mais
en pleine exécution. Il fallait pour qu'elles fussent changées,
que le Corps législatif de France les abrogeât par quelques lois
nouvelles, et ce en argumentant, dans le sens le moins favorable
aux colonies, c'est-à-dire, en supposant que le mot LOIS SPÉCIA-
LES, employé par l'article 91 titre 7 de la Constitution de l'an
VIII, excluait tout concours de la part des colonies, dans la
confection de leurs lois intérieures.

Toujours est-il que le Corps législatif de France ne s'occupa
nullement des colonies, et qu'elles continuèrent à rester sous
l'empire et l'exécution des lois de 1790 et de 1791.

La Constitution consulaire de l'an VIII, fut modifiée par le
Senatus-consulte organique du 16 thermidor an X. (4 août 1802).
On y lit titre V art. 54 :

» Le Sénat règle par un Sénatus-consulte, la Constitution des
» colonies. »

Lorsque ce Senatus-consulte fut promulgué, les lois de 1790
et de 1791 étaient encore en vigueur et en pleine exécution
à Bourbon. Elles ne pouvaient plus dès lors être changées ou
abrogées que par le Sénat conservateur auquel était attribué le
droit de régler leur constitution.

Mais le Sénat ne s'en occupa jamais, et les colonies continuèrent à rester sous le pouvoir et avec les droits créés par les lois de 1790 et de 1791.

Les choses étaient en cet état, lorsqu'en 1803 le général Decaen vint prendre le commandement des deux colonies.

Il était muni d'un Arrêté des Consuls, en date du 13 pluviose an XI. Cet Arrêté, base unique et fondamentale du gouvernement et de l'administration du général Decaen dans nos Iles, ne fait aucune mention des lois de 1790 et de 1791. Le premier Consul, grand amateur de despotisme, et marchant dès lors au pouvoir absolu, n'ose cependant pas dire qu'un simple Arrêté de gouvernement puisse abroger des lois existantes; il préfère n'en pas parler. Aucune mention des Assemblées coloniales, pas même pour dire qu'elles n'existeront plus. Le premier Consul se borne dans cet Arrêté du 13 pluviose an XI, à attribuer tous les pouvoirs de la Colonie à un capitaine général, un préfet colonial et un commissaire de justice. L'épée du général Decaen, appuyée par un bon corps de troupe, fera le reste.

L'illégalité, l'inconstitutionnalité de l'Arrêté du 13 pluviose an XI, étaient flagrantes.

Il n'appartenait pas aux Consuls de faire ce que le Sénat conservateur pouvait seul exécuter, en vertu du Sénatus-consulte organique du 16 thermidor an X, sous l'empire duquel on se trouvait alors.

Mais il fallut céder à la force. Les Assemblées coloniales furent dissoutes; mais les lois de 1790 et de 1791, en vertu desquelles elles avaient le droit d'exister, ne furent point abrogées.

Ces lois suspendues et comprimées par la force, continuèrent à subsister constitutionnellement.

Un nouveau Senatus-consulte organique du 28 floréal an XII (18 mai 1804), apporta diverses modifications à celui du 16 thermidor an X. C'est la Constitution impériale. Mais cette nouvelle constitution ne dérogea point à l'article relatif aux colonies. Le Sénat conservateur resta investi du droit de régler leur constitution.

Certes la complaisance, et l'on peut même dire, la servile condescendance du Sénat aux volontés de l'Empereur Napoléon, sont trop connues, pour que l'on puisse douter un instant qu'il eût refusé son acquiescement à valider, au moins par la forme, l'acte de despotisme commis à l'égard des colonies.

[13]

Heureusement pour nous, l'Empereur et le Sénat n'y pensèrent pas. Ils avaient bien d'autres affaires ! nous étions si peu de chose ; notre existence menacée par les anglais était si précaire, qu'on ne daigna pas s'occuper de donner au moins une apparence de légalité à la destruction violente et brutale de notre Représentation coloniale.

Les choses restèrent dans cet état jusqu'en 1810, époque de la conquête des anglais.

Jusques là les lois de 1790 et de 1791 restent suspendues, comprimés par le despotisme militaire, mais non abrogées dans l'Ile.

Assurément personne ne prétendra que l'occupation anglaise ait pu abroger les lois françaises. C'est un de ces points de droit public tellement reconnu, qu'il est superflu de s'arrêter à les discuter.

A l'époque de la rétrocession à la France, en 1814, les lois de 1790 et de 1791 existaient donc encore à Bourbon, dans toute leur essence ; elles existaient encore comme toutes les autres lois françaises en vigueur, au moment de la conquête.

Si les promesses de la Charte eussent été sincères, c'eût été le moment de remettre en honneur et en exécution les lois politiques dont l'Assemblée constituante nous avait dotés. C'eût été le moment d'appeler enfin les colonies, en vertu de ces lois, à travailler à l'œuvre de leur constitution, travail que les troubles et les malheurs de la mère-patrie, avaient interrompu et si long-tems suspendu.

Mais la Charte n'était point encore une vérité ; elle l'était encore moins pour les colonies que pour la métropole ; et sous la restauration, nous Colons, nous ne fîmes que changer de despotisme !

La charte de Louis XVIII porte, art. 73 :

» Les colonies seront régies par des lois et par des réglemens » particuliers. »

Cet article qui a été constamment violé pendant toute la durée de la restauration, n'est autre chose que le principe posé par l'Assemblée constituante, savoir : QUE LES COLONIES NE SONT PAS COMPRISES DANS LA CONSTITUTION DE LA MÉTROPOLE, ET QU'ELLES DOIVENT ÊTRE RÉGIES PAR DES LOIS PARTICULIÈRES, C'EST-A-DIRE, PAR DES LOIS PROPRES A LEURS CONVENANCES LOCALES.

Quant au mot RÉGLEMENT, ajouté dans l'article susdit, il ne pouvait avoir d'autre sens que celui que la Charte elle-même lui donne dans son article 14, c'est-à-dire, qu'il signifiait LES ORDONNANCES QUE LE ROI A LE DROIT DE FAIRE POUR L'EXÉCUTION DES LOIS.

[14]

Il n'y a que la plus insigne mauvaise foi qui ait pu inférer de
ce mot RÉGLEMENT, placé dans l'article 73, à la suite du mot LOIS,
que le Roi pouvait à son gré remplacer les lois dans les colonies, par des ordonnances.

Cette matière a été parfaitement traitée dans un excellent mémoire
manuscrit, répandu dans le public il y a quelques années, et
attribué à un ancien magistrat de la Colonie, M. J. B. Pajot.

Il est inconcevable que les partisans de l'arbitraire osent encore aujourd'hui soutenir cette détestable et judaïque interpré-
tation de l'article 73, lorsque le mépris public en a fait si
complettement justice, tant en France que dans notre Ile.

Je n'insisterai pas d'avantage sur un point reconnu, savoir :
qu'on a fait un odieux abus de l'article 73 de la Charte de
Louis XVIII; que cet article a été constamment violé, et que
les colonies avaient tout au moins le droit d'être régies par des
lois, c'est-à-dire, par des actes émanés de la puissance législative de la métropole, sans préjudice du droit qu'elles pouvaient avoir aussi d'intervenir dans celles de ces lois relatives
à leur intérieur; enfin que les ordonnances du Roi ne pouvaient
être dans les colonies que ce qu'elles étaient en France, c'est-
à-dire, DES MOYENS POUR EXÉCUTER LES LOIS FAITES, ET NON
POUR LES CHANGER.

Il résulte de là que les ordonnances de la restauration n'ont
pu abolir les lois de 1790 et de 1791, existantes encore dans
la colonie à l'époque de la rétrocession; que ces lois ont continué à être suspendues et comprimées par l'emploi de la force,
mais qu'elles n'ont jamais été abrogées par le droit, c'est-à-dire,
par aucun pouvoir compétent.

Enfin nous arrivons à l'époque de juillet 1830.

L'esprit généreux et libéral qui anima la première révolution,
reparait ici tout entier. Ce sont les mêmes idées, les mêmes
principes, moins les excès qui accompagnèrent cette première révolution, plus l'expérience qui lui manquait. L'identité de ces deux
grandes époques se manifeste de toute part. LOUIS-PHILIPPE
lui-même s'empresse de la proclamer; et au sommet de la pyramide
élevée pour éterniser le souvenir des trois glorieuses journées de
juillet, il accole les dates de 1789 et de 1830. (Voyez le compte
rendu des cérémonies commémoratives des 27, 28 et 29 juillet
1831.)

Les lois de la Constituante non abrogées se raniment d'elles-
mêmes, dans cette ère nouvelle de liberté. Le ressort qui cesse

[15]

d'être comprimé, réagit à l'instant : il se redresse et reprend son
élasticité.

La Charte de 1830 a réalisé toutes les promesses et les espé-
rances de 1789. Les colonies n'en sont pas exceptées. L'article
64 de cette nouvelle Charte, dégagé de l'équivoque de l'article
73 de celle de Louis XVIII, est un retour franc et sincère au
principe fondamental posé par la Constituante, en matière de colonies. Cet article 64 est en harmonie avec les lois de 90 et de 91,
que nous invoquons, et tant qu'elles n'auront pas été abrogées,
nous serons fondés à en demander l'exécution.

§. 2.

La loi du 9 avril 1790 est-elle tombée en désuétude ?

Battus sur la question de la non-abrogation de la loi, nos
adversaires se retranchent dans la désuétude. Ils ne seront pas
plus heureux sur ce point.

D'abord il faut remarquer qu'il existe une différence radicale
entre la désuétude des lois politiques et la désuétude des lois
civiles et criminelles. Ce sont les tribunaux et les légistes qui
font vivre ces dernières, qui les maintiennent en vigueur, ou
qui les laissent tomber en désuétude, en cessant de les invoquer
et de les appliquer. Mais c'est la Société, c'est le Peuple, c'est le
Corps des citoyens, qui seul peut assurer l'exécution des premières.

Pour qu'une loi politique puisse tomber en désuétude, il faut
que le peuple auquel cette loi appartient ait volontairement et
librement cessé d'en faire usage. Ayant pu l'exécuter et ayant
négligé de le faire, pendant un laps de tems considérable, on
peut raisonnablement en inférer que la loi dont il s'agit, frappée
d'une sorte de discrédit, a été graduellement abandonnée par
ceux mêmes intéressés à la soutenir. C'est l'application de l'axiô-
me de droit : QUI NON PROHIBET, CUM PROHIBERE POSSIT, CONSEN-
TIRE VIDETUR.

Mais si le peuple dont il s'agit a été privé de cette loi politique
par la violence, par l'emploi et la compression de la force militaire ; si depuis l'époque où cet attentat a eu lieu, ce peuple
est resté sous une succession non-interrompue de gouvernemens
despotiques qui ont continué à le priver de tout droit politique,

de tout moyen de protester contre cette violence dont il était victime, de tout organe pour redemander et revendiquer le bien dont on l'a dépouillé; il est évident alors qu'on ne peut inférer de son silence et de son inaction qu'il y a volontairement renoncé.

La désuétude est la préscription des lois, dit Montesquieu. Or la prescription ne court pas contre ceux qui n'ont ni la liberté ni le pouvoir d'agir. Prescriptio non currit contra non valentem agere.

La prescription ne court pas contre les mineurs, et la colonie est restée, depuis la dissolution de ses Assemblées coloniales en 1803, dans un état de minorité et sous des tuteurs qui la faisaient volontiers retomber en enfance; sous des tuteurs armés d'un pouvoir absolu, et qui ne lui permettaient ni d'agir, ni de parler, ni d'écrire.

Chose étrange, ce sont ces tuteurs eux-mêmes qui, arguant de leur propre prévarication à l'égard de nos droits politiques, nous opposent, à nous mineurs, aujourd'hui émancipés, une prétendue prescription qui n'a couru que par leur propre fait !

C'est un renversement complet de toute notion de raison et de justice.

Privée de tout organe représentatif, de toute liberté municipale, privée même de la plus petite portion de liberté de la presse, privée du droit de pétition collective, tel a été l'état de la Colonie depuis 1803.

» La loi du 9 avril 1790 est tombée en désuétude, nous dit-
» on, car vous, colons de Bourbon, vous avez négligé de faire
» exécuter cette loi depuis 28 ans. »

C'est exactement comme si l'on disait à un homme enchaîné depuis 28 ans, vous avez prescrit la faculté de marcher, car vous avez négligé de marcher depuis 28 ans.

Eh ! par qui donc aurions-nous demandé le redressement de nos griefs? Qui donc avait qualité pour porter parole au nom de la Colonie? Par quel moyen cette parole aurait-elle pu se faire entendre? A qui demander qu'on nous rendit l'exercice de nos droits politiques? Était-ce lorsque nous dépendions de l'omnipotence du ministre de la marine intéressé à la conserver? Était-ce à la Chambre des députés, lorsqu'elle luttait elle-même vainement contre le trône et une orgueilleuse aristocratie, pour défendre ses propres droits et ceux de la Nation métropolitaine ?

Disons-le franchement, cette allégation de désuétude, qu'on oppose à la Colonie pour l'empêcher d'user d'une loi précieuse, conservée comme par miracle, est la plus mauvaise chicane que l'on puisse faire à un peuple pour se dispenser de lui rendre son bien.

Eh quoi! il faut trente ans pour faire tomber en prescription, un chiffon de papier, entre les mains d'un créancier, et vingt-huit ans suffiraient pour frapper de prescription une loi politique, une loi qui intéresse toute une population?

Dans quel code donc nos administrateurs ont-ils vu de semblables maximes?

En vain diraient-ils que la loi dont il s'agit était oubliée dans le pays.

Elle n'était oubliée que parce que là longue série de vos prédécesseurs nous avaient fait perdre jusqu'à l'espérance de pouvoir en jouir. Elle n'était oubliée que parce que le despotisme entraîne toujours à sa suite l'ignorance et l'indifférence de la chose publique. Le despotisme, encore une fois, ne peut arguer de l'effet délétère qu'il produit sur les esprits, pour se dispenser de leur rendre le remède qui seul peut guérir ce mal qu'il a produit.

Elle était oubliée, oui, je le crois moi-même; mais où en est la preuve?

Jusqu'à ce que cette preuve soit légalement faite, chose impossible, mon dire n'est qu'une opinion individuelle.

Les bonnes lois politiques ne tombent jamais en désuétude; elles sont toujours vivantes pour le peuple qui les retrouve. Les droits des sociétés ne se prescrivent pas plus que les maximes éternelles de justice que contient la loi du 9 avril 1790, confirmée et fortifiée par les lois coloniales de 1791.

L'objection suivante a également été faite :

» Nous convenons que cette loi n'a pas été abrogée de droit;
» nous convenons qu'elle n'est pas tombée en désuétude; MAIS ELLE
» A ÉTÉ ABROGÉE DE FAIT.

A cela je réponds purement et simplement, qu'une abrogation qui n'est ni une abrogation de droit, ni une désuétude, EST UN NON SENSE. C'est une nouveauté curieuse dont les ouvrages des publicistes n'offrent pas d'exemple. En un mot, cela peut-être très-profond, mais je ne le comprends pas.

§. 3.

Puisque la loi du 9 avril 1790 a conservé sa vigueur législative, convient-il a la Colonie qu'elle soit immédiatement
exécutée ?

Quel est le créole, quel est l'européen, fixé à perpétuelle de-
meure sur le sol de Bourbon, assez mauvais citoyen ou assez
ignorant pour en douter ?

Est-il possible à la Colonie d'obtenir de meilleures bases et
des concessions plus avantageuses de la part de la métropole ?

N'est-il pas évidemment dans l'intérêt de la Colonie de réclamer
et de revendiquer l'exécution immédiate de cette loi, par cent
motifs tellement puissants et impérieux, qu'ils doivent frapper
les esprits les moins clairvoyans ?

In pari causa melior est conditio possidentis.

Ne vaut-il pas mieux tenir que courir ? et n'est-ce pas nous
placer dans la position la plus favorable à l'égard de notre métropole, dans le cas où celle-ci serait disposée à nous accorder
moins que la Constituante, que de la forcer à rapporter et a
abroger formellement les lois de cette illustre Assemblée, pour
laquelle la France actuelle professe le plus grand respect ?

Mais les considérations politiques de cette nature, quelque
puissantes qu'elles soient ne sont ici que secondaires ; il en est
d'autres qui sont péremptoires.

La Colonie est en danger de périr si elle ne reçoit de prompts
secours qui ne peuvent lui être donnés que par le concours d'une
Assemblée représentative.

Le Gouvernement local sans argent et sans force, est frappé
d'impuissance, et nous sommes menacés du fléau de l'anarchie.

Les sources mêmes du fisc se tarissent, et fournissent à peine
de quoi alimenter une administration dont le personnel n'a été
si démesurément étendu, sous le ministère déplorable, que pour
faciliter à une faction qui disposait de tous les emplois, des moyens d'intervention et de corruption dans toutes les branches du
service public.

Des lois s'élaborent dans la métropole sans notre participation,
et sans les instructions et les documens nécessaires pour qu'elles
soient en harmonie avec nos besoins.

Un Délégué, dont les pouvoirs sont, dit-on, contestés à Paris,
qui, tout au moins, sont évidemment contestables, ne peut oppo-

ser que de vains efforts à ce que ces lois contiendraient de contraire
à notre sécurité.

Les maux actuels et les dangers de l'avenir nous assaillissent
et nous pressent de toute part : et l'on hésiterait à appeler une
Assemblée coloniale !........

Le poids insupportable du présent nous écrase , il s'accroît
et s'appesantit tous les jours d'avantage : et l'on demande s'il y
a urgence !............

La Colonie est livrée au despotisme de la caisse d'escompte,
qui ne marche que d'illégalités en illégalités, qu'elle impose à
un gouvernement foible et subjugué par l'influence de cet établissement, si funeste au pays : et l'on pourrait dire que la
Colonie n'ait le plus pressant besoin d'un corps de mandataires
qui puisse prendre la défense de ses intérêts !............

Ce gouvernement qui consent si facilement à faire de l'illégalité ,
au profit de quelques intérêts spéciaux , repousse les justes doléan-
ces de la population, sous le prétexte qu'il ne doit à aucun prix
sortir de ce qu'il appelle LA LÉGALITÉ : et l'on pourrait balancer
sur la nécessité de mettre un terme à de pareilles contradictions !.

La stupeur et le découragement règnent dans tous les cœurs,
le désordre le plus complet dans toutes les affaires , la misère
la plus désespérante dans les 99 centièmes des familles ; nous
sommes à l'entrée de la redoutable saison des ouragans ; le moin-
dre coup de vent ajouterait les horreurs de la famine à tous
les fléaux qui nous accablent déja : et une poignée d'égoïstes que
tant de maux n'ont pas atteints, qui sont sans pitié pour tant
d'infortunes et de souffrances , et dont quelques-uns peut-être
nourissent l'odieuse espérance d'en profiter, déclarent froidement
qu'il n'y a que des factieux et des banqueroutiers qui puissent
invoquer une Assemblée coloniale !..........

Ces tyrans politiques d'une nouvelle espèce inspirent , par
leurs clameurs et leurs lâches calomnies, une telle crainte aux
esprits faibles, qu'un grand nombre de citoyens qui, par la pureté
de leurs principes, leurs lumières et leur moralité, adhèrent
le plus sincèrement à la demande d'une Représentation coloniale,
n'osent pas signer les adresses où ce vœu public est consigné :
et l'on mettrait en question s'il convient de donner à la malheureuse population de Bourbon , un protecteur qui la rende au
moins à l'indépendance de la pensée et des sentimens, un protecteur
qui brise le joug le plus humiliant qui puisse avilir les hommes,
LA PEUR !!!....

Il faut entièrement fermer les yeux à l'évidence pour ne pas reconnaître qu'au milieu de tant de périls et de graves difficultés, nous ne pouvons espérer de salut que d'une Représentation coloniale, librement élue, en vertu d'un mode électoral librement consenti ; en un mot, que nous devons demander l'exécution immédiate des lois que nous tenons de la sollicitude de l'Assemblée constituante.

Mais, dit-on, La loi du 9 avril 1790 est dangereuse, parce que son électorat est démocratique.

La loi contient sous ce rapport le remède au mal que l'on signale ici avec raison. Elle permet à la population coloniale d'adopter une autre base, si cette base lui convient mieux. Elle ne prescrit qu'une chose sur ce point, c'est que tout se fasse librement, et que le mode électoral choisi soit l'expression de la volonté générale.

Or la population des divers quartiers de l'Ile, propose un électorat en six catégories, qui assimilerait autant que possible nos droits électoraux au système adopté par la France, en 1831, c'est-à-dire, à celui de la prépondérance de la classe moyenne. Ce système réunissant aujourd'hui l'assentiment des meilleurs esprits, il ne reste donc plus d'objection sur ce point.

La liberté d'éligibilité, établie par la loi du 9 avril 1790, n'offre aucun inconvénient, puisque la garantie du cens est dans l'électorat.

CONCLUSION.

Si l'on venait présenter à de sages administrateurs une loi funeste, exhumée tout-à-coup, et dont des insensés ou des méchans demanderaient l'exécution, on concevrait parfaitement que ces administrateurs, gens de bien et sensés, s'épuisassent en subtilités et même en mauvaises raisons, pour démontrer que cette loi pernicieuse a été abrogée, ou tout au moins qu'elle est tombée en désuétude.

Mais que l'on emploie ces subtilités et ces mauvaises raisons avec un espèce d'acharnement, le tout pour repousser une loi salutaire et bienfaisante, échappée au naufrage qui en a détruit tant d'autres : voilà ce qui est inconcevable.

Si l'exécution de cette loi, offrant de bons côtés, devait d'ailleurs désorganiser l'administration existante, et entraîner des em-

harras et des difficultés pour elle : on concevrait encore qu'elle
hésitât.

Mais s'il est prouvé plus clair que le jour, que la loi dont
il s'agit ne désorganise rien et laisse tout subsister dans l'ordre
actuel, jusqu'à ce que les changemens à désirer soient introduits
légalement et paisiblement : alors on ne sait plus comment ex-
pliquer les hésitations et les répugnances.

Ce n'est pas la crainte de compromettre la Colonie qui retient
nos administrateurs; ils savent bien qu'elle ne risque rien, et
qu'elle n'aurait qu'à gagner à l'exécution des lois faites en sa
faveur par l'Assemblée constituante; mais simplement, et à part
la petite antipathie qu'ils tiennent de leur origine pour tout ce
qui est populaire, ils craignent de compromettre leur responsabilité, à l'égard du Gouvernement métropolitain.

C'est en vain que tout ce qui est français est rentré sous
l'empire des lois. Pour eux il n'y a de LOIS que celles qui sont
favorables au pouvoir qui gouverne. La parole et la volonté
du ministre, voila pour eux LA LOI VIVANTE. La loi pour eux,
n'est pas ce qui, en soi-même, est véritablement LA LOI, aux
yeux de la raison et de la justice; c'est ce qu'il plaît au ministre d'appeler tel; et dans le silence du ministre ou l'incer-
titude de son infaillible volonté, c'est ce qu'il y a de plus
favorable au pouvoir. C'est toujours du Charles X tout pur !

En face du Drapeau Tricolor, sous l'empire de la souverai-
neté nationale, et enfin sous le règne populaire de Louis-Philippe, ils continuent à agir et à se diriger par les maximes du
gouvernement déchu !

En vain la nouvelle Charte, le nouvel ordre de choses qui
vit en France, leur dit éloquemment : VOUS N'ÊTES PLUS LES AU-
TOMATES ORGANISÉS DONT TOUS LES MOUVEMENS ÉTAIENT COMMANDÉS
ET RÉGLÉS PAR LE MACHINISTE, SÉANT AU MINISTÈRE DE LA MARINE,
A PARIS ; SOYEZ HOMMES ET CITOYENS AVANT D'ÊTRE ADMINISTRATEURS !

Non, l'habitude est prise et elle reste.

Ce sont, qu'on me permette l'expression, des esclaves émancipés qui conservent, en face de la liberté, l'attitude humble et
le langage timide de leur ancienne condition.

Il est hors de doute que si le ministre de la marine leur eût
écrit de faire exécuter les lois de l'Assemblée constituante, relatives aux colonies, ils l'eussent fait sans hésiter.

Eh ! croyez-vous que les ministres de la marine, qui se sont
si rapidement succédés dans ce département depuis la révolution

de juillet, et tout absorbés par les grandes affaires de la France, aient eu le tems seulement d'examiner si ces lois étaient ou non abrogées ? --- C'est à vous à le voir.

Sachez donc penser par vous-même, et prenez enfin pour boussole et pour guide les principes et les maximes de la France nouvelle. Osez enfin dire comme notre Labourdonnais, le plus illustre de vos prédécesseurs dans le gouvernement de ces Iles, IL NE PEUT JAMAIS Y AVOIR D'OPPOSITION ENTRE MES DEVOIRS ET LE BIEN PUBLIC DE LA COLONIE.

Quartier St.-Denis, le 1 décembre 1831.

NOTA. Divers obstacles ont retardé la publication de cet écrit.

POST-SCRIPTUM.

Indépendamment des lois coloniales que nous tenons de la sollicitude de l'Assemblée constituante, et qui vivent encore pour nous, ainsi que je l'ai prouvé ; indépendamment des droits résultans de la Charte constitutionnelle, des doctrines, lois et autorités, rapportés et développés dans l'Adresse du quartier de St.-Denis ; indépendamment de LA NÉCESSITÉ qui est aussi une fameuse loi ; indépendamment du vœu colonial, exprimé par les Adresses des quartiers : indépendamment, dis-je, de toutes ces raisons légales et légitimes sur lesquelles le gouvernement local peut se fonder pour accorder au pays la convocation d'une Assemblée coloniale, M. le Gouverneur peut encore s'appuyer des articles 69 et 70 de l'Ordonnance du 21 août 1825. Ces articles sont ainsi conçus :

» Art. 69. Les projets d'ordonnance qui, aux termes de l'art.
» 65, doivent être soumis à notre approbation, peuvent pro-
» visoirement être rendus exécutoires par le gouverneur, lorsque
» le conseil reconnaît qu'il y aurait de graves inconvéniens à
» attendre notre décision. »

« Les arrêtés pris dans ce cas, ne sont exécutoires que pendant
» une année au plus, si notre décision n'est pas connue avant
» l'expiration de ce délai.

» Ils portent la formule suivante :

« Au nom du Roi,

» Nous, gouverneur de l'île de Bourbon et de ses dépendan-
» ces, de l'avis du conseil privé, avons arrêté et arrêtons ce
» qui suit, pour être exécuté pendant une année, à moins qu'il
» n'en soit autrement ordonné par Sa Majesté. »

» Art. 70. Le gouverneur peut même, sans s'arrêter à l'avis
» émis par le conseil privé sur ces projets d'ordonnance, les
» rendre exécutoires, lorsque la sûreté de la colonie l'exige, et
» qu'il y aurait un danger imminent à attendre nos ordres.

» Les arrêtés qu'il rend alors ne sont également exécutoires
» que pendant une année au plus.

» Ils portent la formule suivante :

» Au nom du Roi.

» Nous, gouverneur de l'île de Bourbon et de ses dépendances,
» le conseil privé entendu, avons arrêté et arrêtons ce qui suit,
» pour être exécuté pendant une année, à moins qu'il n'en soit
» autrement ordonné par Sa Majesté.

» Le gouverneur révoque ces arrêtés, sans attendre nos ordres,
» lorsque les circonstances qui les ont nécessités ont cessé. »

Mr. le Gouverneur attend-il donc des circonstances encore plus
menaçantes pour faire usage des pouvoirs extraordinaires qui lui
sont conférés par lesdits articles ? Ce serait peu prudent et peu
paternel.

Sa responsabilité ne serait-elle pas encore plus gravement com-
promise, tant à l'égard de la métropole que de la colonie, par
le refus, D'EXÉCUTER DES LOIS DONT ON LUI PROUVE L'EXISTENCE, lorsque
cette exécution pourrait sauver une colonie qui se meurt ?

Qu'elle excuse pourrait-il donner à une pareille obstination ?
Il ne peut alléguer le défaut de pouvoir, puisque, sans parler de
toutes les lois et autorités ci-dessus indiquées, les articles 69 et
70 de l'ordonnance du 21 août, sont sous sa main.

» LORSQU'ON EST PARVENU AU POINT OU DES MAUX EXTRÊMES
» EXIGENT DES REMÈDES EXTRÊMES, ON DOIT RENONCER AVEC COURAGE
» AUX FORMES ACCOUTUMÉES D'UN GOUVERNEMENT QUI NE TROUVE PLUS
» EN LUI LES MOYENS NÉCESSAIRES POUR APPLIQUER CES REMÈDES. »

Qui a dit cela ?

Est-ce un de ces habitans obérés de l'Ile ?

Non, C'est Fénélon, archévêque de Cambrai. (Voyez vie de
Fénélon, par le cardinal de Beausset.)

Si dans le cours du Mémoire que l'on vient de lire on trouve
quelque passage écrit avec une franchise et une liberté auxquelles
on n'est pas habitué dans un pays où la presse n'a jamais été
libre, et où surtout elle n'a jamais été plus esclave que depuis la
révolution qui en a brisé les entraves en France, l'auteur répon-
dra par ces paroles de Louis XVIII : ON PEUT FORCER L'AUTORITÉ
A S'ÉCLAIRER, SANS LUI MANQUER EN RIEN. (Voyez histoire de
France, par l'abbé de Montgaillard, tome 1, page 446.)